SOUVENIRS

ET IMPRESSIONS D'UN VOYAGE

A L'OCCASION DU

XVe Congrès International de Médecine

TENU A LISBONNE (19-26 AVRIL 1906)

PAR LE DOCTEUR

JULES BAUZON

de Chalon-sur-Saône

(*Extrait du Bulletin de la Société des Sciences naturelles de Saône-et-Loire*)

CHALON-SUR-SAONE

E. BERTRAND, IMPRIMEUR-ÉDITEUR

5, RUE DES TONNELIERS, 5

1906

OUVRAGES DU Dr J. BAUZON

Du sevrage, thèse. — Paris, Delayaye, 1877.

Hygiène et prophylaxie des affections de l'intestin chez les enfants du 1er âge. Médaille de vermeil. Société protectrice de l'enfance. — Lyon, 1883.

Des convulsions chez les enfants du 1er âge, de leurs causes et de leurs traitements Première médaille d'argent. Société protectrice de l'enfance. — Paris, 1883.

Éducation physique de la seconde enfance. Médaille d'argent de la Société française d'hygiène. — Paris, 1883.

Prophylaxie de la syphilis dans l'allaitement. Prix de l'hygiène de l'enfance de l'Académie de médecine. Mention honorable. — 1882.

Du traitement de l'eczéma. Société de médecine d'Anvers. — 1885.

De l'ictère des nouveaux-nés.. Communication au Congrès de Rome, *in* Médecine infantile. — Juin 1894.

De la mort apparente des nouveau-nés; *in* Médecine infantile. — Mai et juin 1895.

Rôle de l'hygiène au XXe siècle. Médaille de la Société française d'hygiène. — 1896.

L'enfant dans les salles d'asile et dans les écoles maternelles. — En collaboration avec M. Lesne, architecte. Diplôme d'honneur de la Société d'hygiène de l'enfance. — 1897.

De l'utilité des crèches de sevrage. 2e Congrès national d'assistance tenu à Rouen. — 1898.

Prophylaxie de la tuberculose. Médaille d'argent. Société d'hygiène de l'enfance. — 1899.

Du rachitisme. Ses causes et ses effets. Médaille de vermeil et palmes. Société d'hygiène de l'enfance. — 1900.

Signes de la mort et moyens de prévenir les inhumations précipitées. Institut : Académie des sciences. Prix Dusgate (mention honorable). — 1900.

Que doit-on boire. Boissons bienfaisantes, Boissons à redouter. Falsifications. — Médaille de vermeil. Société française d'hygiène. — 1901.

Les vacances scolaires. Médaille de vermeil. Société française d'hygiène. — Concours 1902.

Le Chauffage. Médaille d'argent. Société francaise d'hygiène. — Concours 1902.

Impressions d'un voyage en Espagne, *in* Bulletin de la Société des Sciences naturelles, mai 1903.

La Lumière, en collaboration avec M. le Dr Pfeiffer, de Beaune. Mémoire couronné par la Société française d'hygiène. — 1904.

Des Associations scolaires ; leur influence sur l'éducation de l'enfant. — Mémoire couronné par la Société de l'hygiène de l'enfance ; prix du Ministre. — Concours 1905.

Divers mémoires et rapports adressés à la Société protectrice de l'enfance et à l'Académie de médecine sur l'hygiène de l'enfance, les vaccinations et les épidémies.

SOUVENIRS
ET IMPRESSIONS D'UN VOYAGE
A L'OCCASION DU

XVe Congrès International de Médecine

TENU A LISBONNE (19-26 AVRIL 1906)

PAR LE DOCTEUR

JULES BAUZON

de Chalon-sur-Saône

(*Extrait du Bulletin de la Société des Sciences naturelles de Saône-et-Loire*)

CHALON-SUR-SAONE
E. BERTRAND, IMPRIMEUR-ÉDITEUR
5, RUE DES TONNELIERS, 5

1906

SOUVENIRS & IMPRESSIONS D'UN VOYAGE

A L'OCCASION DU

XVe Congrès International de Médecine

TENU A LISBONNE

(19-26 avril 1906)

Délégué par la Société des Sciences naturelles de Saône-et-Loire, au Congrès international de Médecine de Lisbonne, nous devons, ne serait-ce que par reconnaissance, lui rendre compte de notre voyage.

Au point de vue des sciences proprement dites, notre récolte sera pauvre, parce que nous avons fréquenté surtout dans les grandes cités et que notre temps (trois semaines) a été pris par les chemins de fer (5.000 kilomètres), les visites des monuments, les séances du Congrès, les fêtes et les réceptions.

Nous avons fait cependant de notre mieux pour ne rien laisser échapper à nos observations et nous devons reconnaître que notre qualité de congressiste, et surtout de délégué scientifique, nous a ouvert bien des portes qui, en temps ordinaire, ne peuvent être forcées que certains jours, à certaines heures et bien souvent avec un levier, qui, suivant les régions, s'appelle « pesette » ou « reis ».

Puissions-nous, dans ce récit, intéresser autant que nous l'avons été, nos amis de la Société des sciences. Nous en éprouverions une double satisfaction ; car il est agréable de se remémorer les choses vues et vécues, et comme les vieillards d'Homère, nous aimons tous à redire nos faits et gestes.

Arrivé le 14 avril à Irun, vers huit heures du matin, la douane espagnole qui, en temps ordinaire, passe pour assez tracassière, ne fit aucune difficulté pour reconnaître nos bagages sans les bouleverser. De ce fait, nous gagnions trois heures avant le départ du train. Fontarabie n'était qu'à trois kilomètres et nous avions un tramway, conduit par des mules; aussi, en 20 minutes, nous étions dans cette vieille cité basque.

Fontarabie (Fond arable), bâtie sur une colline, ou plutôt sur un rocher, rappelle exactement les petites villes fortes du moyen âge.

On accède dans la ville par une antique porte monumentale, donnant immédiatement accès à la Calle Mayor. Cette grande rue avec sa pente abrupte, son étroitesse, ses vieilles maisons à balcons et fenêtres dissemblables, a une perspective étrange et pittoresque. Tout en haut de la rue, se trouve l'église Santa-Maria, et, sur le côté droit, le palais de Charles-Quint. Ce château du XVIe siècle, avec ses hautes murailles dépourvues d'ouverture, ne présente qu'une masse de pierres imposantes, mais d'un aspect triste.

Nous étions à Fontarabie le Samedi-Saint, vers 9 heures du matin. Dans l'église, nous trouvions une assistance nombreuse et recueillie, avec des prêtres à tous les autels. Dans une des nefs, nous remarquons trois groupes de personnages, statues en bois sur socle. Le premier figure Jésus au Jardin des olives, et un ange lui présentant le calice ; le second groupe, sainte Véronique déployant un voile avec la face du Christ, mieux reproduite qu'habituellement. Enfin, le troisième groupe, les saintes femmes au pied de la Croix, — tous les personnages de grandeur naturelle, — sont destinés à être portés par 8 à 12 hommes.

En redescendant la Calle Mayor, remplie de bambins des deux sexes, s'ébattant joyeusement, on voyait toutes les fenêtres et balcons garnis de femmes en toilette. Nous nous demandions le sujet de cette animation. Arrivés en face de la Casa Consistoriale, siège de l'ayutamento, nous trouvons le vestibule rempli de gladiateurs romains, casques en tête, justaucorps, bandelettes, boucliers, épées ou hallebardes, à la main. Nous ne pouvons réprimer notre étonnement, et demandons ce que cela signifie. A la réponse, et surtout au ton « e la processione », nous vîmes que nous passions pour des mécréants.

Sur un signal donné de l'Eglise, tous ces personnages se mettent en marche. En tête, le chef, un magnifique gladiateur, le glaive porté haut, ouvre le cortège ; trois musiciens, un baryton et deux altos suivaient, et à eux trois, faisaient du bruit comme toute une fanfare. Ils étaient suivis de 26 gladiateurs sur deux rangs, les quatre premiers ayant des boucliers, sur lesquels ils frappaient avec leur épée pour bien marquer la cadence ; chez les 22 suivants, l'épée était remplacée par une hallebarde, tenue de la main droite par la file de droite et de la main gauche par l'autre file. Tous marchaient sur le bord du trottoir, le milieu de la rue restant vide ; les hallebardes formaient ainsi une espèce de haie. Nos guerriers avançaient sur un rythme spécial, donné par la musique, et fortement martelé par les coups de hallebarde et par les pieds chaussés à la romaine. Tout ce cortège se rend à l'Eglise, où la procession s'organise définitivement. Ainsi, aux portes de France, car la Bidassoa qui sépare seule Fontarabie d'Hendaye a moins de 1.000 mètres de large, nous sommes en vrai pays espagnol, rappelant et Séville, et l'Andalousie.

La procession du samedi n'est cependant qu'un diminutif

de celle du Vendredi Saint, et surtout d'une plus célèbre procession du mois de septembre, commémorative de la délivrance de Fontarabie.

Au moment où les cloches se mettent à sonner, de toutes les fenêtres sont tirés des coups de fusil. Une jeune fille, fort exubérante, nous crie avec des gestes expressifs : « Le Bon Diou e résouscita », et nous n'étions qu'au samedi vers onze heures du matin. Notre entrée en Espagne nous offrit un spectacle peu banal, qui, d'ailleurs, attire tous les ans un grand nombre de visiteurs. Pierre Loti était à Fontarabie en même temps que nous.

En sortant de Fontarabie, nous remarquons que les terres ne sont plus labourées à la charrue, mais cultivées à la main d'une façon bien étrange ; tantôt un homme et une femme, mais le plus souvent un groupe de trois personnes piquent en terre avec ensemble et profondément une espèce de fourche à deux longues dents, en fer, et avec manche en bois moins long que celui de nos bêches, puis, à l'unisson, les trois compagnons s'appuient sur le manche et font basculer la terre. Cette façon de bêcher doit être pénible, mais donne un sillon uniforme et un terrain bien ameubli.

De même que de l'autre côté des Pyrénées, les bêtes à cornes sont habillées d'un drap plus ou moins blanc, avec une grande strie de couleur décorative. Ce manteau sert à protéger ces animaux de la piqûre de mouches venimeuses. Les vaches ou les bœufs sont souvent attelés à des voitures ou chars, dont les roues sont pleines et non munies de rayons. Nous en avons vu qui n'avaient même pas de ferrure. Malgré cette indigence, les têtes des attelages sont garnies de peaux de mouton volumineuses et artistement arrangées.

Dans la région basque, le service d'ordre des gares est assuré par des gardes spéciaux, soldats en béret, avec tuniques rouges à pans flottants, ou *basques*, c'est le mot, à la turque ; le costume est complété par un pantalon bouffant, ce qui leur donne une apparence de personnages de comédie. Leur air bon enfant et nullement guerrier, complète l'illusion.

Saint-Sébastien est certainement la plage la plus renommée et la plus fréquentée d'Espagne. Cette plage est surtout remarquable par sa forme en fer à cheval presque fermé : les Espagnols disent « La Concha ».

Les rochers énormes qui se trouvent à l'entrée et sur lesquels viennent déferler en montagnes d'écume d'énormes vagues, donnent un aspect tout spécial à cette station ainsi protégée. Mais est-ce orgueil national ou réalité ? nous plaçons Saint-Sébastien après Arcachon et surtout Biarritz.

Le château, de Miramar, séjour préféré de la famille royale, est situé à l'extrémité du fer à cheval ; il n'a de remarquable que son aspect de grande maison anglaise.

Dans la ville, la place de la Constitution, place carrée à arcades, sous lesquelles toute la population viendra se promener le soir, présente cette originalité que toutes les fenêtres et balcons portent des numéros très apparents. C'est sur cette place qu'ont lieu les courses de taureaux, et les jours de représentation les places numérotées seront louées et occupées par des spectateurs.

Dès notre entrée en Espagne, dans une ville qui respire l'aisance, nous retrouvons nos mendiants espagnols, grands et petits, qui vous suivent et vous obsèdent en susurrant une demande plus ou moins obséquieuse. Mais, pour la modique somme de cinco centimos on peut, aussi souvent que l'on veut, faire crier : Viva la Francia !

De Saint-Sébastien en allant à Burgos, nous traversons Hernani, cité au nom sonore, doux, et harmonieux pour les Hugophiles.

Vingt kilomètres plus loin, nous rencontrons la ville épiscopale de Tolosa. C'était jour de marché, car la route qui longe la voie ferrée était encombrée de voyageurs et d'animaux. Des jeunes gens, en costume basque, conduisaient de nombreux troupeaux de tout petits porcs blancs, tachés de noir. On apercevait des théories de femmes montées sur des mules. Avec plaisir nous avons remarqué que, dans cette partie de l'Espagne, les femmes sont rarement à pied, et que les hommes leur laissent la monture. Il n'en sera pas partout ainsi.

A partir de Tolosa, la voie du chemin de fer devient très accidentée, nous traversons de nombreux tunnels, viaducs et ponts. Une vingtaine de fois, nous passons de la rive gauche sur la rive droite de l'Oria, avec des aperçus charmants sur des vallées verdoyantes.

Le cours d'eau de l'Oria commence à être utilisé comme force motrice, et l'exploitation des minerais de fer donne une certaine aisance à ce pays.

Les ombres de la nuit viennent malheureusement jeter un voile sur le paysage, et nous arrivons à Burgos vers 10 heures.

Nous n'avons pas l'intention de décrire Burgos, ni ses monuments, mais de signaler les quelques particularités qui nous ont intéressé.

Burgos, ancienne capitale de la vieille Castille, n'est pas plus importante comme population que Chalon (30.000 habitants), mais elle est le siège d'une forte garnison, cavalerie, infanterie, artillerie. Le dimanche, les soldats portent des gants de couleur étrange, violets, verts, gris, plus ou moins foncés, mais, hélas ! souvent percés et racommodés avec du fil blanc.

Les soldats, et même les sous-officiers ont peu de tenue ; par contre, l'officier est toujours brillant, souvent avec affectation.

Dès le matin, nous faisons une reconnaissance pour nous orienter dans les rues de la ville. Nous ne tardons pas à être signalés comme étrangers ; et une foule d'enfants, filles et garçons de 4 à 12 ans, nous entoure et nous fait ses offres de service pour nous conduire al Castillo et surtout pour nous demander « oune aperita ». Que de fois et sur quelles tonalités criardes ce mot frappa nos oreilles ! Nous sûmes plus tard qu'un aperita était une dérivation de pera chica (petit chien), ancienne monnaie représentant notre liard. Nous avions eu la malheureuse idée de jeter quelques sous, aussi notre bataillon était devenu si nombreux, que nous ne pouvions plus avancer : heureusement l'arrivée d'un sergent de ville vint nous délivrer. Au seul mot « Fera », toute notre troupe se dispersa, comme une volée de moineaux au moindre coup de fusil.

Al Castillo, le château, qui donna son nom à la Castille, est aujourd'hui bien en ruines. Il n'en reste qu'une porte monumentale datant des Arabes, et une enceinte assez bien conservée ; mais le château proprement dit a été détruit par les Français en 1813. Sur son emplacement, nous avons vu paître un troupeau de moutons.

Adossé à la montagne, le château dominait la ville. De ce point, on a une belle vue sur toute la région. En descendant à gauche, on voit le lieu où s'élevait la maison du Cid (Solar del Cid), représentée par une stèle funéraire adossée au mur d'enceinte de la ville. Plus bas, vers l'Arbanzon, rivière minuscule, on trouve la promenade favorite des habitants de Burgos (Pazea del espolon). Nous ne pouvons songer à décrire ni l'arco de Santa Maria, magnifique portail avec les six statues des fondateurs de l'Espagne, ni la cathédrale, qui passe pour l'une des plus belles du monde entier.

A Burgos, comme d'ailleurs dans toute l'Espagne, la cathédrale est une enveloppe qui recouvre en quelque sorte un grand nombre d'autres églises ou grandes chapelles. Chacune d'elles, et elles sont nombreuses, est un sanctuaire spécial avec ses fidèles bien attitrés. Le centre de la cathédrale est isolé du reste du monument par des murs, des cloisons et des grilles, et forme ce que l'on désigne sous le nom de Capilla Mayor, et de Coro. La Capilla correspond à ce qu'en France nous appellons le chœur, avec maître-autel plus ou moins monumental, siège du prélat et des officiants

Le Coro, qui n'a rien de semblable dans nos églises est séparé de la Capilla par un espace plus ou moins grand, destiné aux fidèles.

C'est dans le Coro, généralement très richement décoré, et en dehors des offices fermé par une grille massive, que se tiennent les chantres, les musiciens, tous les clercs et chanoines.

A Burgos, les stalles du Coro sont à deux étages, en noyer sculpté. Elles sont de toute beauté. On y admire, reproduites en différentes grandeurs, avec incrustations ornées de marqueterie, toutes les scènes de l'ancien et du nouveau Testament. On y rencontre parfois des allusions bien profanes et rabelaisiennes. Il n'y a pas de grimaces, ni de farces, que les diablotins ne cherchent à faire aux plus graves personnages. Aussi que de distractions ont-elles dû occasionner aux chanoines !

Nous étions à Burgos le jour de Pâques : le vaste espace compris entre le Coro et la Capilla était comble de fidèles (500 environ). Les femmes et les jeunes filles se tiennent au milieu, les unes à genoux. les autres assises à la turque, d'autres, les grandes dames, sont assises sur de tout petits pliants très bas. Les hommes se tiennent debout des deux côtés, mais au moment de l'élévation, tous tombent à terre, dans un grand sentiment de piété. Ce jour-là, l'église était garnie d'une sparterie moëlleuse et propre.

A notre arrivée, le clergé réuni des deux parties de l'église, se mettait en procession. L'archevêque de Burgos, grand et beau vieillard, avait une soutane rouge cerise qui, au premier abord, nous fit penser qu'il était cardinal ; nous avons pu constater qu'en Espagne c'était la couleur des archevêques. Il officiait lui-même, assisté d'une vingtaine de prêtres et chanoines.

Dans le Coro, se tenait un orchestre nombreux, composé de violons, violoncelles, instruments en bois et en cuivre, avec accompagnement d'orgues. Les exécutants étaient des jeunes gens et des militaires mélangés. Le Kyrie, le Gloria, le Credo, furent enlevés sur un rythme vif et rapide, si bien que la messe nous parut courte, et, de fait, avec la procession, la lecture d'un bref papal donnant la bénédiction pontificale, la cérémonie dura moins d'une heure.

Dans l'après-midi, nous assistons à un charmant spectacle sur le Paseo de Espolon. C'était l'heure de la musique militaire. Comme partout, l'armée était représentée par un grand nombre de soldats et de sous-officiers, et par un nombre non moindre de nourrices et de bonnes d'enfants en grande toilette. Les unes, en grands tabliers blancs, avec 1 à 5 ourlets à jour et bordures de dentelles. Les autres avaient remplacé les grands rubans de nos pays par deux nattes de cheveux tombant jusqu'à terre. Mais, disons-le bien bas, nous avons constaté que ces nattes ne répondaient pas toujours exactement à la couleur des cheveux.

Toutes nourrices et bonnes se distinguaient par des boucles d'oreilles monumentales, en argent ou en métal jaunes : les moindres avaient de 8 à 10 centimètres, aussi nombre de bébés les prenaient et les tiraillaient.

Aux premiers accords de la musique, les nourrices tenant leur enfant sur leur bras gauche, les bonnes soulevant leurs babys, appuyant leurs pieds sur leur hanche gauche, après avoir eu soin de protéger leur tablier par un mouchoir, se mettent à danser. Les enfants de 4, 6, 10 ans, se prennent par la main, et tout ce monde, petits et grands, tourne, évolue en cadence, spectacle étrange et gracieux qu'il nous fallut quitter trop tôt, pour nous diriger sur Valladolid.

Capitale de l'Espagne, après Burgos et avant Madrid,

Valladolid (terre de Valli), est une ville de 70.000habitants, industrielle et commerçante. Comme dans toute ville espagnole qui se respecte, nous trouvons la plaza de Toros, la plaza de la Constitution avec ses arcades, une statue de Christophe Colomb et un Café Suisso.

La statue de Christophe Colomb est monumentale et orne bien l'entrée de la ville. On nous montre également dans une rue abandonnée, une maison de pauvre apparence, avec une unique fenêtre grillée où, en 1516, serait mort le grand voyageur.

Les cafés ne paraissent pas nombreux, mais sont très fréquentés les jours de fêtes et le soir. On ne consomme pour ainsi dire que du café, rarement de la bière qui, d'ailleurs, est déplorable, pas de liqueur, ni d'aguardiente (eau de vie), mais le client passera toute sa soirée en face d'un verre de café et d'une carafe d'eau. L'Espagnol est sobre, surtout par économie. On fume, et on joue aux dominos, ce qui n'empêche pas ces réunions d'être fort bruyantes et très animées. Nous voudrions pouvoir dépeindre un coin du Café Suisso. Chaque petite table est occupée par quatre joueurs, le sombrero sur la tête, assis plus ou moins régulièrement et constamment en mouvement sur leurs sièges, un gros cigare à la bouche, ce qui n'empêche ni les exclamations, ni les rires. Trois des joueurs tiennent les dominos, le quatrième, à tour de rôle, les remue et marque les coups. Avec quelle ardeur on plaque les doubles six et autres doubles ! La partie est vite enlevée, et les perdants règlent chaque fois la perte, qui varie de 10 à 30 centimes la partie.

Nous retrouverons le Café Suisso à Salamanque, à Valladolid, et même à Lisbonne, comme nous l'avions vu à Burgos. Ces établissements n'ont rien de somptueux, et ne sauraient rivaliser avec les grands cafés de Chalon.

Tout près de la Cathédrale, toujours et de longtemps inachevée, nous avons remarqué le clocher de Santa Maria

Valladolid. — Eglise Santa Maria la Antiqua.

la Antiqua, d'un pur roman, reproduisant très exactement celui de l'abbatiale de Tournus, mais le reste de l'église est gothique.

Le Musée renferme un très grand nombre de statues en bois sculpté, attribuées à Berruguette. Ces statues, de grandeur naturelle, polychromes, représentent des personnages ou des groupes de personnages. Parmi celles qui nous ont le plus intéressé, citons : Abraham, au moment où il va sacrifier Isaac ; le groupe de la Crucifixion, qui est remarquable par le mouvement et l'expression des acteurs. Ces groupes, malgré leur poids, faisaient, comme à Séville, partie des processions de la Semaine Sainte. La fameuse promenade de Las Moréras n'a de remarquable que son étendue.

Nous quittons Valladolid dans l'après-midi, pensant arriver à Salamanque vers huit heures du soir. Nous avions pris le rapide de Madrid pour bifurquer à Medina del Campo. Le train sur lequel nous comptions n'était pas journalier : mercantile, il ne prenait des voyageurs que certains jours. Nous nous trouvions une douzaine de congressistes ou voyageurs, dans le même cas. En vain, fîmes-nous les plus séduisantes propositions de payer un fort supplément ; de faire attacher un vagon, ou même de voyager dans le fourgon ; jusqu'à la dernière minute on nous fit espérer une solution, puis le mercantile nous brûla la politesse. Nous nous sommes aperçus plus tard qu'il fallait compter avec le tenancier du buffet qui aurait, par notre départ, perdu et ses dîners et le prix de ses chambres. Nous y gagnâmes une étude de mœurs locales.

Ce nom, de Medina del Campo, lu dans un roman de Paul Féval, nous avait laissé des souvenirs de jeunesse assez poétiques. La ville est située à plus d'un kilomètre de la gare, nous n'avions qu'à aller nous distraire dans la cité.

Notre caravane se composait d'un médecin allemand,

de Carlsbad, venant d'Amérique, parlant 20 langues, ce qui le rendait surtout en Espagne, un peu *hâbleur*. Il ne proposait rien moins que de chercher à louer une automobile. Un gigantesque médecin Russe qui, sans désemparer, arrivait du fond de la Russie, ayant quitté Moscou au dernier moment, afin de voter pour la Douma. Un médecin anglais, se préoccupant surtout du dîner. Un médecin belge avec sa femme, groupe assez résigné. Enfin, une dame entre deux âges, servant de cicerone à un jeune homme voyageant en Espagne, pour faire de la peinture. Cinq autres médecins Français complétaient notre troupe.

La ville de Medina était en fête, toute la population était dehors. La population bourgeoise se promenait gravement sous les arcades de la place de la Constitution, grand espace carré, avec une église dans un angle. On voyait sur le clocher des personnages qui se mouvaient chaque fois que les heures sonnaient.

La population ouvrière, bruyante, gaie, endimanchée, en costumes aux couleurs où le jaune et le rouge dominaient, prenait ses ébats sur un long rempart. L'arrivée de notre caravane ne fut pas sans faire sensation et provoquer des regards, des rires et des propos auxquels notre médecin allemand ne craignait pas de riposter, voire même de les provoquer. A la nuit tombée, nous regagnâmes notre buffet, où l'on nous offrit une hospitalité qui n'avait rien d'écossais. Nous ne devions prendre notre train qu'à six heures du matin, sauf le jeune homme et sa gouvernante qui préférèrent attendre à la salle de Espera le train de la dos (2 heures du matin), Madame ne voulant pas se coucher pour n'avoir pas à faire sa toilette, qui paraît-il, aurait demandé deux heures, pour masquer des ans, l'irréparable.

Salamanque, l'ancienne petite Rome, la reine des sciences est bien déchue de son ancienne splendeur. Elle n'a plus que 25.000 habitants, et si elle n'avait son université, elle serait bien oubliée, et cependant, quel spectacle grandiose et imposant nous donnent, même de loin, ses deux cathédrales réunies ! Aucun autre monument ne nous a si fortement impressionné, par sa majesté, lourde peut être, mais assurément gigantesque. L'homme est bien petit en face de cette accumulation de dômes, de tours et de clochers. Les cathédrales de Salamanque, d'un riche ton d'ocre, se détachent mieux de leur ambiance que la plupart de celles que nous avons vues. La cathédrale vieille est englobée et surmontée, en quelque sorte, par la cathédrale nouvelle. Au demeurant, on ne voit de l'ancienne que l'église inférieure, une abside extraordinaire et une tour, dite du Coq (Gallus). Le dôme, de forme octogone, est d'un effet merveilleux.

La façade de l'Université est également des plus remarquables par ses sculptures et ses statues. Mais, hélas ! l'intérieur ne répond pas. Les amphithéâtres et les salles des conférences, notamment celles réservées aux jeunes filles, manquent absolument de confortable. Sur la place de l'Université, on nous montre des traces de la dernière émeute et une plaque commémorative de la mort de deux étudiants. On ne peut aller à Salamanque sans s'arrêter à la Maison des Coquilles (de las Conchas), remarquable par ses incrustations de coquilles Saint-James et ses grilles en fer forgé.

Nous avons eu la bonne fortune de nous trouver à Salamanque un jour de grande foire, ce qui nous permit de voir des costumes bien typiques de la Galicie et du Léon.

La foire du bétail se tient sur une hauteur séparée de la ville par le Tormès, rivière qui, à certaines époques, doit être volumineuse, car le pont qui le relie a 27 arches, dont 14 datent de l'empereur Adrien. Ce pont a plus de 400 mètres de longueur ; il n'est pas très large et est dépourvu de trottoirs ; aussi, encombré qu'il était de chevaux, mules, ânes, bœufs, chèvres et moutons, il était difficile de circuler.

SALAMANQUE. — Les Cathédrales.

La plupart des hommes qui se rendent à la foire sont montés sur des chevaux ; les mules ou les ânes sont réservés aux femmes et aux jeunes gens. Il n'est pas rare de voir sur la même monture, homme et femme, à califourchon.

Le costume des femmes, à part les guêtres en cuir et le foulard placé en biais sur la tête et flottant sur les épaules, n'a rien de spécial.

Les hommes portent un costume plus original. La tête, rasée sur le devant est couverte d'une bandelette, sorte de foulard noir noué en arrière, avec pans flottants ; sur ce foulard se pose un chapeau rond à bords assez larges et à fond bien pointu. Le corps est recouvert d'une veste étroite et courte (bolero), le plus souvent de nuance verte. Le gilet est remplacé par une ceinture large. Cette ceinture est en cuir épais, formant, en quelque sorte, une carapace. Le pantalon, de couleur vert foncé, est très collant, et ne descend que jusqu'au genou. La jambe est recouverte du bas de couleur et surtout ornée de jarretières très voyantes. Le plus souvent, la chaussure se compose de souliers avec molletières. Les étriers sont de véritables boîtes, rappelant le moyen âge.

En Espagne comme en France, les jours de foire, on retrouve les charlatans. Sur la Plaza Mayor, nous en avons écouté un qui n'aurait pas fait mauvaise figure sur la place de Beaune. Chapeau pointu, manteau rouge orné de vastes manches, décorations multiples, groom avec grande robe rouge, tambour et boniment.

La grande attraction était l'exhibition de gros lézards verts, bien engourdis. Le groom ou le patron les prenaient à la poignée, montraient qu'ils étaient bien vivants. Il y en avait une bonne douzaine. Les gestes et la verbosité ne le cédaient, certes pas, aux charlatans de nos places publiques, et bien qu'il nous fût impossible de suivre tout le discours, nous avons compris que le baume qu'il offrait devait guérir toutes les douleurs. Notre confiance n'est pas allée jusqu'à faire l'emplette de sa liqueur, qu'il consentait à donner pour la modique somme d'un réal (0 fr. 25).

. Nous avons constaté un fait inouï, dans le principal bureau de poste, sous les arcades de la place de la Constitution. A six heures du soir, il n'y avait plus de timbres pour affranchir les lettres. Chaque jour, on ne confie au receveur qu'un certain nombre de timbres et, ce jour-là, la vente avait, paraît-il, été plus forte : nous dûmes attendre au lendemain pour faire partir notre courrier. Par contre, nous constatâmes avec effroi, que lorsque tous les omnibus étaient arrivés à la gare, le convoi pouvait se mettre en route quelques minutes avant l'heure réglementaire. Il est juste d'ajouter que le train ayant même une heure de stationnement, les omnibus ne font qu'un voyage et viennent pour prendre les voyageurs à l'arrivée, ce qui nous obligea à quitter l'hôtel à 3 h. 1/2 du matin, pour prendre le train de cinq heures. On trouvait peut-être que nous avions assez attendu à la salle de Espera.

De Burgos à Valladolid et jusqu'à Salamanque, nous avons traversé les plaines élevées de la vieille Castille et de la Galicie. C'est un immense plateau dont l'altitude se tient autour de 800 mètres ; aussi, au mois d'avril, la température n'est pas élevée et la végétation peu avancée.

Nous avons longé des champs interminables de céréales. La culture est loin de valoir celle de nos pays ; la terre semble labourée superficiellement et peu fumée, aussi les blés sont maigres et clairsemés. Nous avons remarqué un fait étrange : sous les arbres, notamment sous les oliviers, les blés paraissent plus verts et mieux garnis qu'en pleine campagne. L'ombre et l'engrais des feuilles seraient dans ce pays favorables aux récoltes.

Les champs d'oliviers sont nombreux. Aucun alignement n'a présidé à la plantation, qui doit dater de fort loin, car les oliviers sont gros et fort beaux. Quelle différence avec les oliviers contournés, rabougris du Midi de la France. Le feuillage lui-même, mieux garni, semble velouté, d'un vert moins gris et surtout moins terne. L'aspect, s'il n'était monotone, serait gracieux. Nous nous sommes laissé dire que le revenu en était maigre, l'olivier ne donnant une bonne récolte que tous les deux ans.

Nous avons cherché à voir de jeunes plants. A peine avons-nous découvert une pépinière. On conserve ce que les ancêtres ont laissé, mais on ne replante ni oliviers, ni chênes-lièges.

En Espagne, les populations ne sont pas disséminées mais groupées; les villages sont très rares, mais alors d'une certaine importance et avec des restes de fortifications ; ce sont de petites villes fort éloignées les unes des autres. La vie de château ou de burg n'a jamais existé, car la féodalité n'a pas franchi les Pyrénées.

Si, en France, il nous arrive volontiers de bâtir, en imagination, des châteaux en Espagne, les Espagnols, qui n'ont pas eu notre moyen âge, n'en n'ont jamais construit.

Le seul que nous ayons aperçu est celui de Guarda, dominant la Sierra Estrella. Il est tout près de la frontière portugaise et encore ce château n'est pas isolé, mais domine, en quelque sorte, une petite ville.

A partir de Villa Formosa l'aspect change, nous quittons les plateaux élevés et descendons rapidement, en longeant, pendant des heures, des collines assez abruptes, hérissées de blocs de granit, de formes et de volumes variés. Ces blocs, suspendus sur nos têtes, retenus par un prodige d'équilibre, semblent vouloir se détacher et venir nous entraîner dans le ravin ; jamais nous n'avons vu un pareil assemblage de rochers aussi pittoresquement disséminés. Dans l'intervalle des blocs, on voit des quantités de genêts jaunes en fleurs auxquels succèderont bientôt des genêts à fleurs blanches plus petites, mais d'un effet merveilleux. Nous avons cueilli une branche de ce joli genista, dont nous ne pouvons donner l'espèce.

A partir de Luso, le spectacle devient grandiose, on a des échappées splendides sur de délicieuses vallées. Le moindre espace de terre arable est cultivé aussi soigneusement que des jardins. La végétation est bien plus avancée. Nous sommes au 18 avril et déjà les ronces, les rosiers, entre autres le « Bouquet de la mariée », sont en pleine fleur. A chaque station, on passe près d'eucalyptus gigantesques, de pins sylvestres et parasols. La digitale pourprée est en fleur, et la vigne, cultivée sur des paisseaux inclinés en arceaux, est garnies de grappes prêtes à fleurir. Les seigles sont en épis, leurs tiges n'atteignent pas la hauteur de celles de nos contrées.

C'est à Pamphilosa que, pour la première fois, nous constatons l'extrême amabilité des Portugais. Nous devions changer de train, ce qui malheureusement a lieu fréquemment, en raison du nombre des diverses Compagnies de chemin de fer. Nous devions prendre l'express venant de Porto, et les places étaient rares. Nous étions deux, et nous ne trouvions qu'une place libre. Immédiatement un capitaine nous offre la sienne, en nous disant qu'il descend à la prochaine station et, qu'en attendant, il restera debout. Nous parvînmes à nous installer : les présentations et connaissances furent vite faites, entre le capitaine, deux médecins portugais et trois étudiants. Le Dr Ramos Pereira, de Porto, devint notre ami et, pendant toute la durée du Congrès, nous rendit de grands services.

A Entro-Camento, le capitaine, avant de nous quitter, se précipita au buffet et nous rapporta un immense gâteau pour nous faire, dit-il, apprécier une spécialité du cru.

Entre temps, nous avions pu, avant qu'il fût nuit, admirer la célèbre université de Coïmbre.

Arrivés à Lisbonne à 10 h. 1/2 du soir, nous dûmes accepter le logement retenu par la Commission du Congrès.

On nous en avait fait un tel éloge que nous devions fatalement être déçus. Mais en temps de Congrès, il ne faut pas être difficile, surtout en souvenir de Madrid. Dans une chambre à deux lits, ou plutôt à quatre lits, car nous n'étions séparés d'un ménage allemand que par une cloison de carton, nous dûmes subir tous les inconvénients et les surprises de la promiscuité.

En Portugal et à Lisbonne, en particulier, les lits sont fort durs et plats ; un sommier métallique et un petit matelas ; cette literie sommaire est due à la crainte des insectes. Les premières nuits on est bien courbaturé.

Notre chambre donnait sur la traversa Acqua da Flor et la rue Saint-Roques, passage d'un tramway électrique.

Avant de raconter les fêtes et réceptions auxquelles nous avons assisté, donnons quelques détails sur la ville. Depuis vingt ans, Lisbonne, prend un grand développement, sa population s'est accrue de 100.000 habitants. Elle est actuellement de près de 400.000.

Tout est relativement récent à Lisbonne, le tremblement de terre de 1750, n'ayant laissé debout qu'une partie de la cathédrale et d'une autre église qui n'a même pas été réparée.

La ville basse a été reconstruite sur les plans donnés par le marquis de Pombal, que l'on désigne encore sous le nom de grand Marquis.

Les grandes rues (rua) sont perpendiculaires au Tage ou parallèles. Ce qui donne un cachet à Lisbonne, ce sont des collines dont quelques-unes atteignent 250 mètres. Aussi compte-t-on neuf funiculaires. Il faut donc constamment monter ou descendre. La gare centrale elle-même du Rocio, est à la hauteur d'un troisième étage ; on y accède soit par un ascenseur, soit par des escaliers assez pénibles. Cette gare, située à l'entrée d'un tunnel qui passe sous la ville, est adossée à une colline. Pour nous rendre à notre logement, nous devions encore gravir plus de deux cents marches ou faire un long détour.

Les rues les plus fréquentées de Lisbonne, sont les rues Aurea, de la Plata, Augusta, Garret, de Principe et l'Avenida do libertade. Cette avenue représente en petit nos Champs-Elysées.

Les jardins publics sont nombreux et bien aménagés.

Deux aqueducs, ayant plus de 30 kilomètres, versent par jour, plus de 15 millions de mètres cubes d'excellente eau. Mais les fontaines de distribution sont assez éloignées les unes des autres, ou tout au moins, la plupart des maisons ne sont pas pourvues de prises d'eau. Aussi l'industrie des porteurs et des porteuses d'eau est florissante. Le matin, à chaque coin de rue, on rencontre des hommes portant sur l'épaule un petit baril, ou bien de fortes Rebeccas, tenant la cruche traditionnelle sur la hanche. Ces porteuses d'eau ont une démarche assez gracieuse.

Les vins du Portugal sont agréables , le collares, vin ordinaire, est plus doux et plus léger que les vins d'Espagne. Le lait, pour une partie tout au moins, est trait en face de la maison du client. Il existe à Lisbonne un certain nombre de vacheries (casas de vaccas), et à certaines heures, les vaches sont promenées dans les rues. Ce lait est vendu assez cher, de 80 à 120 reis le litre, soit 0 fr. 44 à 0 fr. 70. Le lait de chèvre se vend jusqu'à 160 reis, soit 0 fr. 88.

Les jours, en Portugal, sauf le dimanche (Domingo) et le samedi (Sabato), se désignent par deuxième jour (seconda feria), troisième jour. Dans les rues de Lisbonne, dès l'aurore, les détritus ménagers sont enlevés dans des voitures en tôle, fermées, conduites par une seule bête à corne. Ces vaches, qui paraissent plus fortes que les nôtres, sont attelées directement par les cornes.

Le costume des habitants ne diffère en rien, comme dans toutes les capitales de l'Europe, du costume français.

Les Portugais sont un peu plus grands que les Espagnols.

La physionomie des hommes se rapproche beaucoup du type bourguignon. Vingt fois nous avons cru reconnaître de nos compatriotes, et notamment un de nos plus sympathiques hommes politiques.

Les femmes, surtout celles de la classe ouvrière, sont bien cambrées et paraissent robustes. On rencontre à Lisbonne un bon nombre de négresses, ou mulâtresses, à mise assez recherchée. Le type le plus caractéristique est celui des porteuses de poissons. Elles parcourent les rues par groupes de deux et trois, en annonçant, par un chant spécial, leur marchandise. Le poisson le plus abondant est la merloussa[1]. Elles le portent sur leur tête, dans de grandes osières oblongues, les deux mains campées sur les hanches. Elles ont une démarche particulière. Tout le buste et la tête étant immobilisés, elles ont un mouvement de bassin qui n'est pas précisément gracieux. La tête et le cou sont protégés du soleil par un foulard de couleur écarlate, la taille n'est pas comprimée et les hanches paraissent fort développées, recouvertes qu'elles sont d'une jupe à plis nombreux. Les jambes et les pieds sont nus et d'une teinte assez foncée, hâlés par le soleil et couverts de poussière. Quelques-unes ont des sandales qui semblent les gêner beaucoup. Elles vous regardent sans effronterie. Elles vous offriraient volontiers leur marchandise si elles ne vous reconnaissaient pour des étrangers. Les marchandes d'oranges portent également leur corbeille sur la tête, et, si vous leur faites un achat, elles vous demandent de les aider à replacer leur corbeille sur leur tête.

Dans les églises, il n'est pas rare de voir des femmes assises à la turque, occupées les unes à manger, d'autres à allaiter leur enfant, tout en égrenant un chapelet. On en voit aussi qui discutent avec plus ou moins

1. Gros merlan.

d'animation. La maison de Dieu est en quelque sorte un lieu de rendez-vous où l'on va pour prier, sans négliger cependant ses occupations et ses relations.

Les femmes du peuple ont une façon originale de porter leur enfant. Enveloppées d'un grand châle qui ne leur laisse libre que le bras droit, la mère et l'enfant, fortement enserrés, ne semblent faire qu'un, si ce n'était la petite tête qui émerge à la hauteur de l'épaule de la mère. Le bras gauche ainsi soutenu, doit moins fatiguer. Pour simple que soit ce tableau, il ne manque pas de grâce.

Les Portugais n'aiment pas les Espagnols, de tout temps il y a eu trop de rivalités, aussi cherchent-ils à s'en distinguer sous tous les rapports, en politique comme en religion. Ils ont bien un roi, mais sont très libéraux. Ils sont catholiques, mais ont chassé les Congrégations depuis 1834, sauf pour les hôpitaux et les hospices. Le port du costume religieux est même interdit. Dans la rue, les prêtres sont en grande redingote, avec col et chapeau à haute forme, de vrais clergymen. On rencontre cependant des prêtres en soutane et en rabat, et des religieuses en costumes, notamment des Dominicaines et des sœurs de Saint-Vincent de Paul.

Les heures des repas diffèrent également. Tandis qu'à Madrid on ne déjeune pas avant midi et on ne dîne qu'à 7 ou 8 heures du soir, à Lisbonne, les déjeuners à table d'hôte commencent à 9 heures du matin et les dîners à 4 heures du soir. Les heures les plus habituelles sont 10 heures et 6 heures. Si le petit déjeuner est inconnu à Lisbonne, par contre, dans tous les hôtels, le thé est servi de 9 à 10 heures du soir. On se rapproche des mœurs anglaises.

En Espagne, tous les repas commencent par l'omelette (tortilla), tandis qu'en Portugal, l'omelette ou les œufs sont servis en dernier lieu avec le rôti. Les œufs sont peu cuits, et les Portugais les cassent dans un verre, ajoutent du sucre et boivent ce mélange qui ne nous paraissait pas appétissant.

Les Portugais ont une façon de s'aborder qui ne manque pas de cachet. A notre banale poignée de main, ils ajoutent de petites tapes sur l'épaule. Le nombre et la rapidité de ces caresses sont proportionnels au plaisir de se revoir et au degré d'amitié. Nous avons constaté cette coutume même dans les cérémonies officielles entre personnages importants, évêque et général. De fait, cette manifestation d'affection vaut bien notre baiser.

Le lendemain de notre arrivée à Lisbonne, nous avons eu la bonne fortune d'assister à la cérémonie qui n'a lieu qu'une fois l'an. Le jeudi après Pâques, les principales rues de Lisbonne sont parcourues par une procession, dite de la Santé ou de l'Armée. Nous n'avons pu obtenir des Portugais d'explications exactes sur l'origine et le but de cette grande manifestation.

Dès le matin, nous avions rencontré, dans divers quartiers de la ville, des fillettes en grande toilette blanche, avec des ailes volumineuses adaptées aux épaules et des petits garçons en saint Jean. A toutes nos interrogations, on repondait : « E la processione ». Or, pendant notre déjeuner, il nous a été donné de la voir se dérouler sous nos fenêtres.

Bien avant son passage les rues sont barrées, et un cordon de troupes empêche la foule et les voitures de circuler, les trottoirs sont encombrés par quatre à cinq rangs de spectateurs qui, pendant plusieurs heures, attendront. Les balcons et les fenêtres ornés de tentures et de fleurs, sont absolument garnis de spectateurs.

Enfin apparaît une escouade de sergents de ville, tenant toute la largeur de la rue, le préfet de police, tête nue, un insigne de commandement à la main, puis un peloton de guides à cheval. Tout le monde est nu tête, aussi bien civils que militaires. Les gardes à cheval ont leur casque attaché à l'épaule. Ils sont suivis de nombreuses musiques militaires, échelonnées de 100 à 150 mètres. Nous estimons leur nombre à plus de vingt. Notre ami, le Dr de Porto, nous explique que chaque régiment doit envoyer sa musique, et une compagnie, sans compter les bataillons de service.

Ce qui donne un cachet tout particulier à cette cérémonie, c'est que tous les assistants, musiciens, soldats de service et tous les participants, ont leur costume militaire ou civil recouvert d'une grande cape blanche, plus ou moins flottante, et d'un capuchon d'un bleu azur. Par le beau soleil et le vent de Lisbonne, tous ces costumes miroitant et voltigeant, font un effet splendide.

Entre chaque musique, des séries d'enfants, anges et saints Jean, sont conduits par des pénitents blancs qui, d'une main tiennent l'enfant, et de l'autre un cierge.

On nous fit remarquer, marchant discrètement sur les côtés, des dames en dominos violets, la face voilée et assez cachée pour ne pas être reconnue. Ce sont des pénitentes ; elles ne sont pas très nombreuses, tandis que le nombre des enfants et des assistants est considérable.

Le frère du roi présidait la procession, accompagné de personnages importants. Il était suivi de l'évêque et d'un nombreux clergé en habits sacerdotaux. Immédiatement après, viennent les porteurs de petites et grandes statues, ou même de groupes de statues, puis une foule considérable fermait la procession.

Sur le passage du frère du roi, du clergé et des statues, une pluie de roses effeuillées tombait des balcons et des fenêtres. On jetait même des roses et des bouquets. Nous avons vu de grands personnages ramasser ceux qui leur étaient destinés.

Cette procession a mis près d'une heure pour défiler sous nos fenêtres ; il est juste de faire remarquer, et sa marche lente et les arrêts à chaque coin de rue, pour laisser jouer un morceau de musique. Pendant la marche, des trompettes et fanfares scandent la cadence sur un rythme très lent.

Le nombre des Congressistes fut moins grand qu'à Rome, Paris et Madrid. Les inscriptions des docteurs ne dépassaient pas 2.000, et celles des dames 500 à 600, et assurément, tous les inscrits ne vinrent pas.. Le Congrès de Madrid, avec son voisinage de temps et de lieu, ses désordres, ses difficultés de chemin de fer et de logement découragea certainement un bon nombre de docteurs. A Lisbonne, les logements mis à part, tout fut bien organisé. Les ordres et heures de lecture, de discussion, la distribution des imprimés, des résumés, les indications de toutes natures, tout fut bien réglé, rien ne fut laissé à l'imprévu. Aussi faut-il remercier et féliciter le Dr Bombarda, cet infatigable et obligeant organisateur.

La première grande fête fut celle de l'ouverture du Congrès, dans la salle de la Société de Géographie. C'est une salle immense, avec ses galeries pouvant contenir plusieurs milliers de personnes. Le roi, les deux reines, Amélie et Pia, présidaient. Après le roi, chacun des délégués prononce une allocution, — neuf fois sur dix, heureusement, en français. Nous ne pouvons insister sur ces discours de bienvenue. Contentons-nous de dire que le spectacle de cette belle salle, bien décorée et absolument comble, était imposant[1].

Le soir de l'inauguration, il y eut grande réception à la nouvelle Ecole de médecine, siège du Congrès. Cette réception était offerte à tous les Congressistes, par M. le professeur Costa Alemão. Le charme de ces réunions consiste moins dans la vue des toilettes décolletées, des uniformes constellés de décorations, dans la rencontre de médecins étrangers, célèbres dans l'univers entier, dans

1. Les médecins anglais avaient leur costume de grande cérémonie.

les douceurs de buffets bien garnis, que dans le plaisir de rencontrer d'anciens compagnons de voyage, des visages amis, et de retrouver des compatriotes. Causeries agréables qui se prolongent jusqu'à une heure avancée de la nuit.

Pour rentrer dans notre logement, une surprise nous attendait, la tenancière avait mis les verrous et la sonnerie fonctionnait mal. Si, en Portugal, les sereno n'existent pas avec leur décorum, comme en Espagne, il y a cependant des agents ayant mission de veiller et de surveiller un petit quartier. Celui de la Traversa da Flor essaya de nous faire rentrer en passant par la maison voisine. Malheureusement la communication était coupée, et ce ne fut qu'après un bon moment, que nous pûmes réveiller nos camarades de chambrée et nous faire ouvrir.

Le vendredi 20, nous étions conviés au garden-party, offert par M. le vicomte Cook de Monserrate, dans son château de Cintra. « Qui n'a vu Cintra, dit la légende, n'a rien vu. » Quinta de Monserrate est une véritable merveille. « Autour d'un blanc palais de marbre, aux fines sculptures, meublé avec un goût exquis, de tout ce que l'Extrême-Orient a de plus rare et de plus somptueux, s'étend un parc, pittoresquement situé sur les pentes d'un vallon. »

Parmi les merveilles du château, nous avons remarqué et admiré un dieu indien, en porcelaine polychrôme, dont le nez est une trompe d'éléphant et dont les oreilles forment des conques, ornées de pierres précieuses. Il faudrait bien des pages pour énumérer les richesses de toutes les pièces. Le spectacle de la nature n'est pas moins splendide.

En quittant le tramway, il faut faire une ascension assez dure, mais on est grandement récompensé quand on pénètre dans le parc. Une végétation exubérante vous attend. Les essences de toutes natures se développent les unes près des autres, depuis les plantes de nos serres

Cintra. — Chapelle du Palais Réal de la Pena.

jusqu'aux arbres gigantesques des tropiques. Les camélias, de 6 à 8 mètres de haut, sont couverts de fleurs blanches, roses ou panachées ; à leur pied, la digitale pourprée nous confirme la nature du terrain granitique.

Les magnolias, les grevillas, les pins, les eucalyptus géants se coudoient avec de volumineux chênes-lièges. Un peu plus loin, des fougères arborescentes aux reflets argentés, abritent de leur feuillage des ruisseaux à l'onde fraîche, limpide, qui se déverse, de cascade en cascade, dans de vrais petits lacs. Les rosiers alternent avec les géraniums, les pelargoniums, et forment des parterres couverts de fleurs odorantes. Les bordures des allées sont formées de magnifiques sedums à grosses fleurs rouges et blanches. Les nepliers du Japon, ainsi que les citronniers, vous offrent leurs fruits dorés. Les tilleuls argentés, aux feuilles larges et brillantes, vous donnent un ombrage que, le 20 avril, on recherche déjà. Ce parc de Cintra nous remémore les délices de Séville ou de Malaga, et cependant nous ne sommes pas sous la même latitude.

Bâti sur une hauteur en face de Quinta, le château royal de la Pena est féérique comme aspect, par ses constructions mi-gothiques, mi-arabes, et surtout par leur perspective au sommet d'une colline boisée.

La matinée du samedi est consacrée aux travaux sérieux, nous assistons aux séances du Congrès et à une conférence du Dr Doyen, sur l'évolution du cancer. En raison de la volubilité avec laquelle parle l'orateur et de la rapidité des projections, nous pensons que les étrangers eurent beaucoup de peine à le suivre dans sa dialectique.

Dans l'après-midi, nous parcourons la vieille ville, en nous arrêtant à la cathédrale et à l'église San Antonio, construite sur l'emplacement de la maison où naquit saint Antoine de Padoue.

Nous sommes accueillis avec empressement au service anthropométrique, par le Dr Valladares, qui fait défiler devant nous un certain nombre de prisonniers, en nous expliquant leurs fiches.

Le docteur prend même empreinte de la pulpe de nos doigts, et nous montre que si on regarde de près, on voit que ces empreintes correspondent à trois systèmes de lignes, les unes concentriques, les autres en croches, les troisièmes en lignes plus ou moins droites. On établit un coefficient pour chacune de ces lignes ; ces coefficients réunis donnent des chiffres variables avec chaque individu et servent à le classer. Il paraît que notre coefficient fait partie d'une série peu nombreuse.

Notre aimable docteur nous accompagne jusqu'à une station de tramway, qui doit nous conduire à Belem.

La tour de Belem, construite pour défendre l'entrée du Tage, est un monument remarquable par sa hauteur, par sa forme carrée, avec élégantes tourelles en poivrières, par son style gothique avec traces de style hindou. Du haut de cette tour on a une vue magnifique sur le Tage. Belem est à environ 5 kilomètres du centre de Lisbonne. L'embouchure du Tage est encore à plus de 10 kilomètres. La capitale du Portugal n'est donc pas un port de mer, mais hâtons-nous d'ajouter que le Tage a 8 à 12 kilomètres de large, en face Lisbonne, et une profondeur telle, que les plus grands navires peuvent venir à quai. La marée monte et descend de plus de deux mètres. Aussi, de son embouchure, sur une longueur de plus de quarante kilomètres, le Tage a une largeur qui varie de 4 à 12 kilomètres. Ce n'est plus un fleuve, mais un vrai estuaire.

En nous rapprochant de Lisbonne, nous visitons l'église et le couvent des Hiéronymites. Ce sont, avec la tour, les seuls monuments vraiment remarquables de Lisbonne.

Leur ton doré, tirant sur le rouge, donne à ces édifices un cachet que l'on ne retrouve nulle part. Le portail de l'église, orné d'immenses statues, et le cloître à deux étages de galeries superposées, dont les arceaux s'appuient sur des colonnettes à jour fouillées comme de la dentelle, laissent un souvenir ineffaçable.

Ce cloître a été transformé en maison d'orphelins, et nous avons eu l'occasion de les voir défiler, au nombre de 4 à 500, précédés d'une musique infernale, tambours et clairons.

Dimanche, 22 avril, eut lieu la grande fête des rives du Tage « Riba Tejanas », offerte par le Congrès et organisée par la noblesse portugaise.

A une heure de la « tardé », nous embarquions pour nous rendre à Villa Franca de Xira. Tout le Congrès est transporté sur huit grands vaisseaux à vapeur. Chaque Congressiste avait, sur sa carte d'invitation, la couleur du pavillon de son navire. Aussi nulle confusion, l'embarquement est rapide, et l'escadre réunie s'avance majestueusement. Pendant deux heures, nous jouissons d'un spectacle unique au monde. Voguant entre ces deux rives du Tage, qui, à mesure qu'on s'éloigne de Lisbonne, vont s'écartant, nous passons près d'îlots qui servent de salines, et côtoyons des îles où l'on aperçoit des taureaux élevés pour les courses.

Le Tage, suivant les profondeurs, donne des reflets et des irisations, variant du bleu azur au vert tendre. Les mouettes voltigent autour des mâts des vaisseaux, la joie et la gaieté sont répandues sur toutes les physionomies, et malgré les différences de nationalité, tout le monde fraternise. Des conversations cordiales font de chaque navire une vraie ruche bourdonnante. D'ailleurs, cet entrain était encouragé par la distribution, à chaque Congressiste, d'un panier renfermant sandwichs, pâtisseries variées, oranges et vin de Collares, le tout gentiment présenté.

Dès le signalement de notre escadre, de Villa Franca, tonnent les pièces d'artillerie, les fusées et, Dieu nous pardonne, des feux d'artifice sont tirés à trois heures de l'après-midi, par un soleil éblouissant et un ciel sans nuage.

La rive, sur une grande étendue, est garnie de campinos (gardiens de taureaux[1]), montés sur de petits chevaux. Ces gardiens tiennent à la main un immense bâton blanc, qui leur sert à diriger leurs troupeaux. Coiffés d'un bonnet vert avec liseré rouge, ayant la forme de nos anciens bonnets de coton, vêtus d'une veste aux garnitures voyantes, pantalons collants, ornés de rubans, les campinos forment un décor d'opéra. Sur les quais, toute la population est massée, et pousse des « E Viva » répétés. Jamais nous n'avons assisté à un pareil enthousiasme. Les flots d'harmonie, de musique, sont complètement éteints par les hourras.

Au débarquement, on nous remet des programmes illustrés de la fête et des pièces de poésie, souhaitant la bienvenue (saludaçâo). Puis, nous défilons à travers les principales rues de la ville. Toutes les fenêtres, tous les balcons sont décorés de pièces de soirie rouge et jaune écarlate ; ce sont de grandes couvertures ou rideaux qui tombent jusqu'à terre. Les oriflammes, les bannières s'agitent et, de toutes les fenêtres et balcons, avec de gracieux sourires et des « E Viva », tombent lancés par des mains sympathiques, et des roses effeuillées, et des bouquets entiers. Cette marche triomphale nous mène jusqu'à la Plaza de Toros, où nous nous installons facilement dans des places numérotées. Le roi et la famille royale présidaient la fête.

Autant les courses espagnoles avec mort du taureau et éventration de vieux et malheureux chevaux nous avaient écœurés à Madrid, autant l'élégance des cavalleros, montés sur de magnifiques coursiers, autant la souplesse et la grâce des toréadores nous fit plaisir à Villa Franca.

Certes, les amateurs d'émotions violentes et de spectacles

1. Un des grands propriétaires, M. Palha Blanco, en possède plusieurs milliers.

sanglants sont déçus, et cependant malgré leurs cornes, protégées par une enveloppe de cuir, les taureaux portugais ne sont pas toujours inoffensifs. Tel le numéro cinq qui, à quatre fois différentes, parvint à franchir une enceinte de plus de deux mètres de haut. Un soldat, un des employés faillirent être écrasés. Ce taureau, vrai sauteur, se rencontre assez fréquemment. Le numéro deux avait déjà franchi cet obstacle, et causé une panique bien légitime.

A chaque course, alternativement courue à pied ou à cheval, la reine donnait le signal des applaudissements. Lorsque le taureau est vaincu, pour le faire rentrer au chenil, on lâche sur la piste tout un troupeau d'autres taureaux, munis de grosses clochettes, et actionnés par des caminos. Avec leurs grands bâtons, ils parviennent plus ou moins facilement à faire placer le taureau au milieu du troupeau et à le faire rentrer. Les caminos eurent beaucoup de travail avec notre sauteur qui se défiait et se dérobait.

Ces taureaux sont amenés des pâturages dans des cages grillées, ressemblant, en plus grand, aux cages où nos Bressans, toutes révérences gardées, conduisent leurs porcs. Les courses avaient été agrémentées de divers jeux, et précédées d'une présentation des nombreux gentilshommes qui, en l'honneur des Congressistes, remplaçaient les matadores, les piccadores et les toréadors. En costume Louis XV, perruque à queue et poudrée, chapeaux tricornes ornés de plumes, montés sur de superbes coursiers, ils s'avancent à plusieurs reprises, et faisant faire de la haute école à leur monture ils viennent saluer respectueusement leurs Majestés. Puis faisant toujours face, ils s'éloignent en reculant jusqu'à l'extrémité de la piste. Ils se divisent en deux pelotons et, toujours face aux spectateurs, ils font le tour de l'arène en prodiguant à toutes les galeries leurs plus gracieux saluts.

L'assaut de course portugaise, soutenu par 16 sportsmen,

en costume du pays, est fort original, mais le vrai bouquet fut le jeu de la rose, lutte de deux cavaliers qui cherchent à enlever la rose accrochée à l'épaule d'un troisième. Quelle adresse et quelle souplesse déploie, à tour de rôle, chaque porteur de rose, pour se soustraire aux mains qui cherchent à lui ravir sa fleur. Ces jeux nous donnent une réminiscence des tournois du moyen âge.

Nos amis les Portugais ne se contentèrent pas de nous avoir distribué et paniers, et programmes, et pièces de vers ; pendant la représentation, des jeunes filles passaient auprès des Congressistes, et remettaient des oranges, et. aux dames, de beaux bouquets d'orangers en fleurs. Ces jeunes filles étaient habillées de noir avec un chapeau rond, surmonté d'une petite torche pour placer les paniers d'oranges. Elles avaient un voile flottant en arrière, et, sur la poitrine, de grosses croix et des médailles paraissant être en or. Si l'on baissait les yeux on était tout surpris de constater que la jupe était courte et que les pieds étaient nus. Mais elles étaient si affables et si gracieuses qu'il fallait une bien forte distraction pour s'apercevoir de ce détail désenchanteur, mais bien couleur locale.

Le retour par chemin de fer demanda une bonne heure. Dans notre compartiment, nous avons pu vérifier que les bouquets offerts aux vainqueurs de chaque lutte, étaient en fleurs artificielles, un des seigneurs portugais ayant fait cadeau du sien à une de nos compagnes. A l'étonnement d'un médecin allemand, que dans un pays où l'on nous avait couvert de roses naturelles, on pût offrir des fleurs artificielles, nous fîmes remarquer que c'était pour donner un souvenir plus durable, que l'on pût même emporter par delà les frontières.

Le 23 avril, une fête spéciale était offerte par la reine aux médecins d'enfants (VIe section, pédiatrie). A neuf heures du matin, un paquebot nous recevait au nombre de 70 environ, pour nous faire traverser le Tage, et nous déposer sur la rive opposée.

Un train, composé uniquement de voitures de luxe, marchant pour la première fois, attendait les invités de sa Majesté. Il nous transporta, en une heure, à Setubal, ville de 20.000 habitants, située sur l'Océan, à l'embouchure du Sado. C'est dans le voisinage de cette cité que l'on récolte les meilleures oranges du Portugal.

Une réception enthousiaste nous attendait : fusées, fanfares, mandolinistes et acclamations sans fin. Des landaus nous conduisent de la gare à l'hôtel, où était servi un déjeuner au menu bien portugais. Entre les salmonetes[1] a la sebubalense et le peru[2] figuraient quatre cochons de lait, présentés avec leur tête. Les vins étaient aussi délicieux que variés. La chaleur communicative des banquets délia les langues, et les toasts furent nombreux. Nous entendons encore le président de notre Section comparer la reine Amélie, notre amphitryon, au Saint-Esprit. L'image de cette reine bienfaisante planant comme la colombe sacrée, pour éclairer les médecins dans la lutte contre la tuberculose, ne manquait pas dans la bouche du médecin portugais, ni de charme, ni de poésie. Il fallut cependant quitter la table.

De gracieuses barques blanches, décorées de fleurs et de tapisseries, étaient à notre disposition, ainsi qu'un remorqueur de l'Etat. Le capitaine de vaisseau qui nous conduisait était heureux de nous raconter que son fils, étudiant en médecine, était arrivé la veille de Paris. La réception faite aux étudiants portugais avait son écho jusque sur les bords de l'Océan et nous, Français, nous étions tout particulièrement fêtés.

Nos barques, attachées en file indienne au remorqueur, nous conduisent au Sanatorium maritime d'Outão, œuvre

1. Poisson.
2. Dindonneau.

de prédilection de la reine. C'est une ancienne forteresse qui a été adaptée, aménagée et agrandie, pour en faire un Sanatorium d'enfants. La position est splendide.

Outão est adossée à une colline formant promontoire. De ce point merveilleux, la vue embrasse, d'un côté l'immense océan, de l'autre toute la baie circulaire allant à Setubal. De la terrasse élevée de dix mètres au-dessus de l'onde salée, à droite on a l'immensité, en face une île verdoyante, à gauche des monticules plus ou moins abrupts » rappelant la Côte d'Azur.

Ce Sanatorium, doté et entretenu par la reine, reçoit quelques centaines d'enfants des deux sexes, atteints de tuberculose ou de scrofule. Toute cette jeunesse, confiée à des religieuses Dominicaines, nous attendait près du ponton. Nous sommes accueillis par des acclamations bien sympathiques, puis par des rondes d'enfants avec accompagnement de chant. Les mandolinistes du matin, en costume d'étudiant avec la cape, nous avaient précédé, pour nous donner une aubade.

On nous fait visiter les dortoirs, les réfectoires, où chaque place d'enfant est marquée et décorée de fleurs et d'oranges. Partout nous constatons que les derniers perfectionnements hygiéniques ont été adoptés.

Les pensionnaires d'Outão, malgré leur tare trop visible, nous ont paru heureux dans leur isolement. Leurs figures étaient réjouies, respiraient, sinon la santé, du moins le contentement de leur sort. Aussi quelle reconnaissance ne doivent-ils pas avoir pour leur royale bienfaitrice. Nous, ses compatriotes, nous ne saurions trop redire quelle charmante journée nous avons vécu, grâce à Elle.

Par une attention bienveillante, des landaus étaient venus nous chercher, et nous ne retournons pas par mer à Setubal, mais nous cotôyons ces rives qui nous rappelaient Cannes et Menton. Un train spécial nous ramène à l'embarcadère pour retraverser le Tage. Nous arrivons à Lisbonne vers 6 heures, et nous n'avions qu'une heure pour endosser l'habit, et nous rendre au dîner de l'ambassadeur de France.

A Lisbonne, nous étions une centaine de Français, tous ne purent être prévenus. Au nombre de 66, nous étions venus nous grouper auprès de M. Rouvier', notre ambassadeur. C'est loin de la mère-patrie que l'on aime à se retrouver et, comme l'a si bien exprimé dans son toast, le professeur Cornil : « Au-delà des frontières, toutes les divisions politiques, et même scientifiques, s'effacent, on ne doit plus songer qu'à représenter dignement le drapeau national. Notre ambassadeur, tout en faisant des réserves oratoires de parler après M. le professeur Cornil, sut, pendant de bonnes minutes, nous captiver.

La réception offerte par le Société de Géographie nous attendait avec des attractions variées. De bonnes places nous avaient été réservées. On devait notamment nous faire voir des danses originales. Dans ce but, on avait fait venir du nord du Portugal toute une tribu : une trentaine de jeunes femmes, accompagnées de trois danseurs et d'un certain nombre d'indigènes qui surveillaient d'un œil jaloux leurs compagnes.

Le type des femmes n'avaient rien de remarquable; à part une ou deux, elles étaient plutôt douées d'une physionomie peu agréable. Le costume était tapageur : casaque à forme boléro, jupes courtes à rayons rouges, jaunes ou verts, avec une écharpe garnie de longues franges, coupant de biais la jupe. La taille était assez mal prise, la tête était couverte d'un foulard à franges d'or, les boucles d'oreilles phénoménales, descendaient jusque sur l'épaule; la poitrine était couverte de colliers, avec croix et nombreuses breloques.

Les hommes avaient le pantalon collant et une petite veste, laissant voir un gilet aux couleurs ardentes. Une surprise nous était réservée, ces fameuses danses, dites si originales, n'étaient que la bourrée d'Auvergne. Le nombre des hommes ne correspondant pas à celui des femmes, un certain nombre de celles-ci faisaient les cavaliers. Les chants avec lesquels les danseurs s'accompagnaient, avaient quelque chose de criard et de guttural, rappelant les mélopées arabes.

Cette bourrée auvergnate, dansée par les gars et les filles du bord du Minho, nous rendait perplexes ; un de nos voisins, membre de la Société de Géographie, voyant notre étonnement, nous dit qu'à une certaine époque très reculée, des Arvernes étaient venus s'établir en Portugal. Cette invasion justifierait les affinités de race et de sympathie, qui existent entre les Français et les Portugais.

Notre journée du 23 avait été complète.

La matinée du 24 est consacrée au Congrès et à la visite de la partie nord-ouest de la ville, notamment du jardin botanique si vanté, mais qui, à part sa situation dominant Lisbonne, ses serres et sa belle avenue de palmiers, ne saurait rivaliser avec les nôtres.

La promenade de Estrella est remarquable par ses grandes pièces d'eau. L'église du même nom rappelle, par sa richesse intérieure et ses dorures, les églises espagnoles.

A partir de trois heures, les jardins « das necessitades » étaient ouverts aux Congressistes pour le garden-party. Ces jardins, séparés du palais par une rue, sont assez accidentés et très ombragés. Les essences d'arbres sont variées, les allées n'ont rien de régulier, elles tournent, montent et descendent, et permettent de s'isoler facilement. Dans les grandes chaleurs, on doit rechercher et apprécier la fraîcheur du jardin « das necessitades ».

Madrid a son jardin du Buen-retiro, et il est plus grandiose, mais ses ombrages sont moins discrets. Les jardins du palais royal « Campo del Moro », où avait eu lieu le garden-party de Madrid, ne sauraient être mis en comparaison avec celui « das necessitades ».

Comme dans tous les garden-party, ce sont les buffets qui sont le plus fréquentés. A Lisbonne, ils présentaient cette particularité, que chaque buffet avait sa spécialité, l'un distribuait de la bière, de la limonade et des sirops, un autre des gâteaux et du thé, un troisième du café, un quatrième des glaces et sorbets. Enfin, le vrai buffet, très confortable pour le lunch, servait avec profusion les vivres les plus variés et versait à pleins bords du Champagne de Porto. Nous nous sommes trouvés à plusieurs reprises sur le passage de leurs Majestés, et avons même eu l'honneur d'être présenté à la reine, qui nous a dit, qu'en qualité de Française, elle était doublement enchantée de nous voir.

Le soir, de dix heures à minuit, avait lieu pour les délégués, une grande réception au Ministère de l'Intérieur. L'entrée du Ministère était grandiose : sur chaque marche d'un immense escalier en Y, se tenaient au port d'armes, en grande tenue, de magnifiques soldats, dont l'uniforme rappelait celui de nos Cent-Gardes.

Son Excellence le Ministre et Madame accueillaient avec amabilité leurs invités. La réception avait lieu dans deux immenses salles, très brillamment ornées et éclairées. Un orchestre, dissimulé dans la verdure, faisait entendre un répertoire bien choisi. Mais de cette réception officielle, nous n'avons conservé que le souvenir d'un buffet bien inférieur à celui du garden-party, et la vue de généraux et amiraux constellés de décorations. Sur la poitrine de l'un d'eux, sans compter deux grands cordons, nous avons constaté 15 décorations variées. L'évêque était de la réception et causait familièrement avec les grandes dames.

Toutes les nations étaient représentées par des délégués civils et militaires ; aussi pouvait-on contempler les physionomies et les costumes les plus variés.

Les militaires avaient revêtu leurs uniformes de grande

parade. Les majors français, peu nombreux, se distinguaient par leur dignité. Les médecins allemands brillaient par leur taille[1]. Les italiens et les espagnols rivalisaient de broderies et de décorations. Les américains du Nord se faisaient remarquer par la sévérité de leur costume, ceux du Sud, par le nombre de leurs croix.

A un moment donné, notre ami, le major russe, se trouva près des médecins japonais ; le contraste était curieux : autant l'homme du Nord était imposant par sa taille, sa prestance, sa physionomie franche et ouverte, son air de bonté et de santé, autant le groupe de l'Empire du soleil levant était représenté par des personnages petits, malingres, ondoyants, à aspect vieillot, à la physionomie ridée et parcheminée, aux regards dissimulés sous des verres de lunettes fantastiques, mais dont l'assurance et la tenue prouvaient qu'ils étaient conscients de leur valeur et fiers de leurs premiers succès.

Le 25 avril, nous prenons le train pour aller voir l'embouchure du Tage. Cascaes est à 26 kilomètres de Lisbonne, la ligne de chemin de fer qui y conduit, longe le grand fleuve ; aussi a-t-on constamment une vue splendide sur cet estuaire. Le Tage se rétrécit à mesure que l'on se rapproche de la mer. Le port se trouve ainsi tout naturellement protégé et fermé. A Cascaes, l'embouchure ne paraît pas avoir plus d'un kilomètre.

De Lisbonne à Cascaes, on rencontre quelques stations et un certain nombre de villas. Cascaes est la ville d'été des Portugais. Le plage est petite, mais fort jolie, ainsi que celle de sa voisine, Mont-Estoril, mais ne saurait être comparée à Saint-Sébastien.

La jetée de Cascaes, terminée par un fort, et dominé par le château du duc de Palmella, aux constructions moyennâgeuses, a un cachet bien particulier.

1. Nous avons retrouvé à Lisbonne le médecin militaire Géant que l'Allemagne avait déjà envoyé à Rome et Madrid.

Nous rentrons à Lisbonne pour déjeuner une dernière fois avec notre ami, le Dr Ramon Pereira. Nous avions projeté de l'accompagner à Porto ; mais, d'une part, le Sud-Express ne partait de Porto que deux fois par semaine, nous obligeant à un séjour trop, long, d'autre part, le Congrès nous offrait un train spécial qui, sans transbordement, nous ramenait à Hendaye en 28 heures. Nous ne pouvions hésiter en présence d'une rapidité qu'apprécieront tous les voyageurs qui ont goûté les lenteurs des voies ferrées espagnoles.

De retour dans nos foyers, sur les bords de la paisible Saône, nous nous prenons à regretter notre départ trop précipité.

Aurons-nous jamais l'occasion de retourner dans ces lointaines contrées et de voir Porto, Coïmbre, Thomar, Mafra, Bataiha ?

Nos regrets sont d'autant plus vifs, que l'accueil que nous avons reçu des habitants des bords du Tage, a été si chaleureux et si sympathique.

Les descendants des héros, chantés par Camoëns n'ont pas dégénéré. Dans la classe moyenne de la société, nous avons rencontré la complaisance, l'affabilité, l'honnêteté commerciale. Dans la classe supérieure, l'instruction ne le cédait point à l'éducation. Aussi les rapports les plus agréables n'ont cessé de régner entre tous les Congressistes ; ces rapports étaient singulièrement facilités entre Français et Portugais, par ce fait, que tous les médecins portugais comprenaient et parlaient notre langue. Nos confrères ont tous étudié dans nos livres, d'où communauté d'idées, de sentiments, de sympathie.

D'ailleurs, à Lisbonne, non seulement on se procure facilement tous les journaux français, mais tous nos ouvrages les plus récents, de médecine ou de littérature, s'étalent aux devantures des libraires.

Nous ne saurions adresser de trop chaleureux remerciements pour les réceptions qui nous ont été faites, aux organisateurs du Congrès, aux membres du Gouvernement et à toute la nation lusitanienne.

Chalon, juin 1906.

Dr Jules BAUZON.

CHALON-SUR-SAONE, IMP. FRANÇAISE ET ORIENTALE E. BERTRAND

www.ingramcontent.com/pod-product-compliance
Ingram Content Group UK Ltd.
Pitfield, Milton Keynes, MK11 3LW, UK
UKHW020956220726
13924UKWH00002B/722